Business
ComicSeries

まんがで身につく
続ける技術

行動科学マネジメント研究所所長
石田 淳 著
臼土きね まんが

あさ出版

はじめに

拙著『「続ける」技術』が刊行されたのは、2006年のことでした。

それから2011年には新版も出され、約10年間で多くの方にこの本を読んでいただけたのは、本当に有難いことです。

しかしこれは、裏を返せば、「続けられない」悩みを持つ人がそれだけ多いということでしょう。

事実、私も、

・何をやっても3日坊主
・目標を立ててもモチベーションが続かない
・禁煙しようと思うが、続けられない

といった悩みを持つ人の話をよく聞きます。

本書の主人公である野呂さんも、まったく同じ状況です。
仕事の業務、英会話、ダイエット……何をやっても、続けられずに成果が出せません。
そして、こう言うのです。
「努力をし続けられるのは、限られた一部の人間だけなんだよ」

しかし、本当にそうでしょうか？
たしかに、ある行動についてモチベーションが高い人は、自然とそれを続けることができます。
たとえば、英会話が大好きであれば、英語の勉強を続けられるのは当然です。
ではその人が、「毎日、ダイエットのためにランニングをする」と決めたとき、同じように続けられるでしょうか？
きっとモチベーションがなくなれば、やめてしまうはずです。
つまり、よほど思い入れのあることや好きなこと以外は、誰にとっても続けることは難しいのです。

では、あなたが続けたいと思うことは、大好きなものでしょうか？　心からやりたいと思うものでしょうか？

——きっと違うはずです。

本当はやりたくないけれど、何か目標があって、そのためにやり続けたい、あるいはやめたいと思っているものでしょう。

本書でお伝えする「続ける技術」は、そういった**「やりたくないこと」でも継続させることができます。さらに、「やる気」や「意志の強さ」は一切必要なく、いつ・誰が・どこでやっても効果が上がる科学的なメソッドです。**

続けたいけれど、行動が足りないもの。

やめたいけれど、やめられないもの。

「行動を増やす」「行動をやめる」このどちらに対しても、効果を出すことができます。仕事、勉強、ダイエット、禁煙など、様々な場面であなたを助けてくれるでしょう。

あなたがこれまで続けられなかったのは、ただ「続け方」を知らなかっただけです。

本書でその「続け方」を知り、身につけ、様々なところで活用していただければ、継続することは本当に簡単なものになります。

本書を読み、何かひとつでも目標とする行動を続けられるようになれば、著者として望外の喜びです。

行動科学マネジメント研究所　所長　石田 淳

CONTENTS

おもな登場人物

野呂 豊
（のろ・ゆたか）

28歳サラリーマン。
何をやっても三日坊主で、
仕事でも成績はビリ。
「意志の弱い自分は
何をしてもダメだ」と
卑屈になっていて、
目標を持つことすら
諦めている。

樹林こずえ
（きばやし・こずえ）

野呂の所属する営業部に
外部から引き抜きで
配属されてきた女性。
25歳という若さながら課長で、
野呂の上司として働く。

山田 潤
（やまだ・じゅん）

野呂の同僚。野呂とは対照的に、
営業成績はトップで社内の人望も厚い。
さらに私生活も充実していて、
ランニング、読書、
交流会への参加など多趣味。

Plorogue

「続ける」ために必要なこととは？

ダイエット、英会話……何をやっても三日坊主で続かない野呂。
そんなある日、野呂と同じ部署に、
引き抜きで若い女性課長・樹林こずえが配属されることに——。

はぁ
はぁ
はぁ
はぁ
タッ
タッ
タッ
タッ
タッ
タッ
・・・
・・・
今度こそ
痩《や》せてやる！
絶対に
痩せるぞ
ハァ
ハァ
もう誰にも
バカにさせやしない！
野呂《のろ》 豊《ゆたか》
英語だって
ペラペラになるんだ
英会話学校にも
1年分の学費を
もう払い込んだ
今回は意気込みが違うぜ！
タッ
タッ
俺は変わるんだ
人間努力すれば
変われるって
本にも
書いてあった
ザ
努力！

3日後
ただいま…
ごちゃぁ…
はぁ疲れた…
急にプロジェクトの見直しとか言われても困るんだよな…
チラッ
もう10時半過ぎてるじゃん
今日は残業頑張ったから ランニングはなし
ランニングくらいのカロリーは仕事で消費したよ
ドサッ
ぐー…

1ヶ月後
あれ？野呂痩せた？
痩せてねぇよ!!
ぷよ〜ん
あんなに今度の俺は違うって宣言してたのに結局三日坊主じゃねぇか
ははっ
うるせぇな
…
…
そんなんだから営業成績ダントツ最下位のリストラ要員なんだよ
ニコッ
爽《さわ》やかに言うな！
同期
山田《やまだ》 潤《じゅん》
お前みたいになんでもできるやつに俺の気持ちなんてわかってたまるか！
営業成績トップ
ニコ
ニコ
イラ
そういえば知ってるか？

新しい課長が引き抜きされてやってくるらしいぞ
引き抜き？
この前社長変わっただろ
どんどん他社から優秀な人間を引き抜いて会社を改革するんだって
ゴゴゴ
ゴゴ
海外進出も見据えてるらしいぜ
野呂って入社した時「将来はアメリカで仕事をしたいです」って言ってただろ
なんで覚えてるんだよ!!
ガタッ
フフ
新しい上司に気に入られたら海外に行けるかもな
!
英会話学校…結局1回しか行ってない…

数日後
本日から営業部の課長となります樹林こずえです
若輩者ですがよろしくお願いします
課長
樹林《きばやし》こずえ
げ！女の上司かよ
わ…若いですね…
おいくつなんですか？
25歳です
しかも俺より年下かよ…
えぇ〜〜
能力があれば年齢は関係ないですからあははは
28歳
あんなに若くて引き抜かれるなんて超やり手なんだろうなきっと陰湿な感じで「根性なし」とか言われたりするんだろうなぁ…
根性ないわねぇ〜

おいっ野呂っ!
今度の課長すごいぞ!
指示は的確だし分析能力も高い
仕事が楽しいぞ
ああそう…よかったね
お前も一緒に頑張ろうぜ
いやだ
彼女のようなエリートは俺みたいな人間をきっとゴミのように扱うんだ
ゆがんでるな…
それに俺は生粋《きっすい》の三日坊主だろ…何をしたってダメなんだよ
野呂!!
そんな卑屈でどうする努力しろよ!

努力し続ければ
きっといつか
自分の殻を
破ることが
できるって！
何をやっても
中途半端な俺に
よく努力し続けろ
なんて言えるな…
努力を
し続けられるのは
限られた一部の
人間だけなんだよ
……
しん…
カタ
カタ
まだ
お仕事してるん
ですね
すっ

遅くまで
ご苦労様です
こんな時間まで
大変ですね
げ…
課長
さけてたのに…
し…
仕事が遅い
だけです
知ってます
営業成績も
よくないし
仕事の内容も
表層的で
クオリティも低い
日報もいい加減
コト
プシュッ
え…

山田さんも心配していましたよね
見られてたのか…
ええ認識していますよ
ただ私は他の人のように根気強くやり続けることができませんから
仕事は山田のようにデキる人に任せてやってください
それは違うわ
あなたはただ続ける技術を知らないだけですよ
継続させることに根気や努力は必要ありません
ガタッ
必要に決まってるでしょ
は
ピクッ
証明してみせましょう
え…

ニコッ
野呂さんを
継続できる人間に
してみせます
しかもたった
1ヶ月で

何を言ってるんだ
この女は…？

Plorogue
解説

「続かない」ことに、意志の強さは関係ない

■「続ける技術」でなりたい自分に

毎日、英語の勉強をする
1週間に1冊、ビジネス書を読む
今年こそは、ダイエットを成功させる
禁煙する……

皆さんも、目標を立てることが多いと思います。
しかし、結局続かずに挫折して、「あ～、また続かなかった。自分はなんて意志が弱いんだろう……」と落ち込むことがあるのではないでしょうか？

「なぜ、あの人はストイックに続けられるのだろう？　それに比べて自分は……」と、続けられる人をうらやんで落ち込む人もいるでしょう。

さらには、続けられないことで、「お前は本当に根性がないな」「なんで、すぐ諦めるんだよ」「本当に意志が弱いわね」と、上司や友人、家族から〝できない人〟のらく印を押されているかもしれません。

本書の主人公・野呂さんも、このケースの典型ですね。毎回、「今度こそは！」と意気込むものの、気付けば続けられずに「3日坊主」。周りからの信用も失い、結局は「自分なんて……」と卑屈になり、目標を持つこと自体を諦めてしまうのです。

では、続けられる人と続けられない人、この違いは何だと思いますか？

やる気？

意志の強さ？

はたまた、才能？

――実は、すべて違います。

「続ける」ことに「才能」や「意志」、「やる気」は、まったく必要ありません。

あなたは、ただ「続ける技術」を知らないだけです。

「はじめに」でも述べた通り、「続ける」ことはとても難しいことです。

それが、自分がやりたくないこと、苦痛に感じるものであれば、なおさらです。

だからこそ、「やる気」「意志」といった、精神論に任せてはいけません。続けるためには、それらを一切除外した〝科学的な技術〟が必要なのです。

あなたが、この科学的技術、つまり「続ける技術」を身につけたとき、続けたいことも、やめたいことも思いのままになるでしょう。

つまり、なりたい自分になれる、ということです。

仕事では評価され、プライベートも充実し、結果的に人生が豊かになる。そんな夢のようなセルフマネジメント術が、本書でお伝えする「続ける技術」なのです。

Chapter 1

「過剰行動」と「不足行動」

「野呂さんを１ヶ月で継続できる人間にします」と
言い放ったこずえだが、
野呂は、それにすら耳を貸そうとしない。
しかし翌日、会社が海外進出をすることを知った野呂は、
かつて抱いていた「アメリカで働く」という夢を思い出す——。

ガタンッ
たのしい英会話
English
野呂さんを
継続できる人間に
してみせます
しかもたった
1ヶ月で

結構です
ええ!?
キリッ
今の流れは「よし やってやる!」でしょ
知らないですよ
ダイエットに 英会話 整理整頓…
結局は挫折して自己嫌悪の繰り返し…
何かを頑張り続けることを
私はもう あきらめたんです
カタカタ
継続させることに意志の強さは必要ないだって…
バカバカしい…
い英会話

え…
海外進出が決定した…？
ああ
うちもついに海外に支店を構えることになったんだ
しかも営業部から何人か選ばれるらしい
ある程度の営業成績と
あとは英語さえ話せれば…
誰にでもチャンスはあるんだって
ピク
!!

よりによって
こんなタイミングに…
たのしい英会話
夢なんだろ?
自分の殻を破ってチャレンジしてみたらどうだ?
…
どうしてこいつはいつも俺に努力させたがるんだ
山田っ!! さぼってないで仕事しろ
は～い
お前はいつも野呂としゃべってるな
そうですか? 気のせいですよ
…
アメリカか…
子どもの頃に映画で見たアメリカの街
画面越しの異国はキラキラして輝いていた
些細《ささい》なきっかけだけど俺にとって唯一の夢
いつか俺もここで…

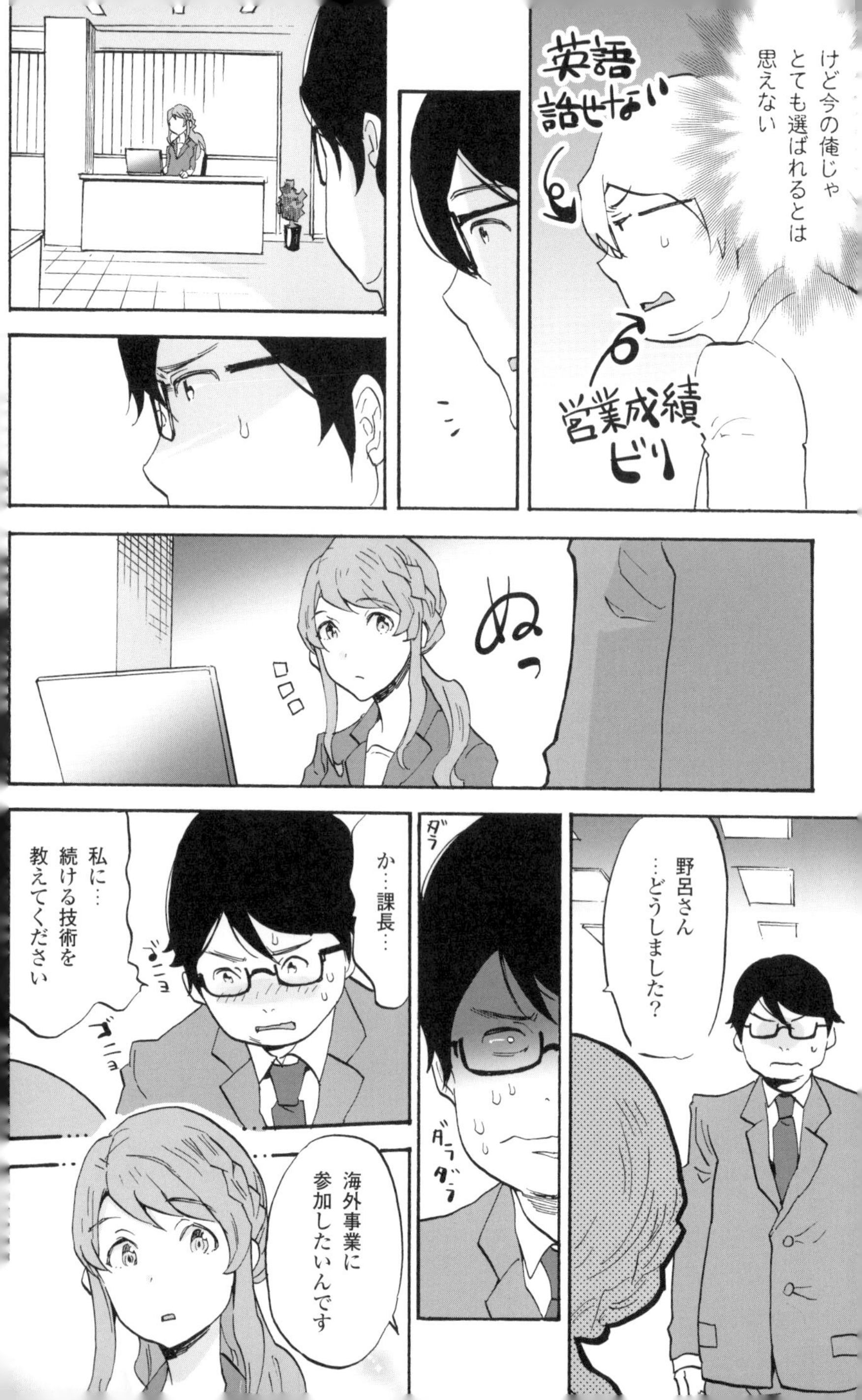
けど今の俺じゃ
とても選ばれるとは
思えない
英語話せない
営業成績ビリ
ぬっ
野呂さん
…どうしました?
ダラ
ダラダラ
か…課長…
私に…
続ける技術を
教えてください
ゴニョ
ゴニョ
海外事業に
参加したいんです

ヤダ
え…
嘘です
は!?
もちろん いいですよ
いじわる しちゃった だけです
てへ♡
この人とは 仲よく なれないな…
仕事終わったらで いいですよね
さて 海外事業の選抜は まだ先ですから
まずはじっくりと 「続ける技術」について レクチャーしましょう
よ… よろしく お願いします
キュ キュ
さっそくですが 課題ですよ!
課題か… どんな 難題だろう…
ドキ ドキ
!

どーーん
これです！
日報を毎日つける!!
は？
冗談とかやめてほしいんですが…
冗談じゃないですよ めっちゃ本気 マジマジです！
日報くらいちゃんとつけていますよ
ビシッ
嘘ばっかり！
あなたがつけている日報は週末にまとめて処理してるだけじゃないですか
ビクッ
ど…どうしてそれを…

日報を見たら それくらいわかりますよ
私の目は節穴じゃないですからね
週始めの記述は覚えていないから曖昧《あいまい》でしたよ
ほかにも…
わっ わかりました
やりますっ ちゃんと日報からやりますから
あせ
あせ
だったら どうすればいいんですか？
コホン
教えてください
ニコ
前にも言いましたが続ける技術には意志の強さや根性はまったく関係ありません
日報を毎日つけ
もちろん性格や年齢…お金の有無も問いません
続ける技術とは**行動科学マネジメント**という人間の「行動」そのものに焦点を絞って研究された実学をベースとするノウハウです
行動科学マネジメント
継続することに必要なのはたったひとつ…
スッ

行動に焦点を当てることです
…?
どういうことですか?
どんな行動にも理由と結果があります
たとえば
Ⓐ暑い
だから
Ⓑエアコンをつける
よって
Ⓒ部屋が涼しくなる
Ⓐ
Ⓑ
Ⓒ
もしくは
Ⓐ寒く感じる
Ⓑセーターを着る
Ⓒ体が温まる
Ⓐ
Ⓑ
Ⓒ
そうですね…
つまり
すべての行動はこの3つの要素から成り立っているんです
じゃーーん
Ⓐ…先行条件
（行動の直前条件）
Ⓑ…行動
Ⓒ…結果条件
（行動の直後条件）
野呂さんの場合は
Ⓐ海外で仕事がしたい
だから
Ⓑ私にレクチャーを求める
そして
Ⓒ海外で仕事ができる
!
キュッ
キュッ

Ⓐ…先行条件
（行動の直前条件）
Ⓑ…行動
Ⓒ…結果条件
（行動の直後条件）
ならば その先行条件を整えて 行動を操作すれば いいだけなんですよ！
バン!!
Ⓐ…先行条件
（行動の直前条件）
Ⓑ…行動
ここまでは わかりましたか？
は… はい
つまり 「日報をつける」 という行動に焦点を当てて それが当然だと思えるような 先行条件を整えれば いいってことですよね？
……
……
その通り!!
ビシッ
正解です やるぅ
この人 楽しんでないか…？
でもその前に しっかりと明確にしないと いけないことが あります
明確に…？
何をですか？

ターゲット行動です
？
ターゲット行動とは物事を続けるために標的となる行動
つまり続けたい行動のことです
標的
パタ タタタ
今回 野呂さんのターゲット行動は「日報を毎日つける」ですね？
ターゲット行動を達成するには課題をハッキリとさせ有効な方法を選ぶことが鍵となります
日報
そして課題を明確にするにはターゲット行動が2種類の行動のどちらに分類されるかを考えないといけません
2種類の行動…？

過剰行動
過剰行動 なのか
不足行動
不足行動 なのかです
さっぱり わかりません
説明 しますから
過剰行動とは「減らそう」としている あるいは「やめよう」と している行動をいいます
過剰
具体的には タバコや暴食ですね
思いきり心あたりが…
ギクッ
それともうひとつが 不足行動です
不足行動は これから「増やそう」としている 行動のこと
たとえば 毎日のランニングとか 英会話の勉強とか…
たのしい英会話

英会話教室
続けることにも種類があるなんて考えもしなかった…
だから「毎日の日報をつける」というターゲット行動に有効な方法は「不足行動を増やす」ことです
どうやってですか?
不足行動を増やすための先行条件を整えることはもちろんですが…
不足行動を邪魔する**ライバル行動**の発生を抑えることもポイントです
ライバル行動
ライバル行動?
ターゲット行動には邪魔するものがありませんか?
たとえば…ダイエット中なのにラーメンのお店があるとつい入ってしまう
ラーメン
ピクッ
勉強しないといけないのにテレビを観ちゃうとか
♫
仕事があるのに寝てしまう…とか
それ!

はじめは なんとか葛藤しても いつも誘惑に 負けてしまう…
ライバル行動に 勝てる 強者なんて いるんですか!?
いますよ
野呂さんだって 苦労せずに 勝つことができる
本当ですか?
ガタッ
もちろんです
どうやって!?
ズイ
その方法は…
方法は?
それは…
バターン!!
!?
よかった まだいた…
どうか しましたか?
ドキドキ
すみません 就業時間を過ぎているのは わかっているのですが ちょっとトラブルが…
わかりました 今行きます
え…

ちょっと待ってくださいよ!!
これから核心なのに…
あ
えっと…
野呂さん
ライバル行動に勝つ方法は自分で考えてみてください
宿題です
ピシャーン
ま…まじかよ…
ズーン
だ…大丈夫ですかね…
大丈夫 大丈夫♪
翌日
うーん
どうしよう…

課長は
忙しそうだしな…
昨日システムの
トラブルがあって
大変らしいぞ
課長昨日は
徹夜だって
ええっ…
これじゃあ
当分話を
聞けそうにないじゃん…
やっぱり自分で
考えるしかないか…
え…っと
ブツ ブツ
毎日の日報をつけるという
ターゲット行動に
有効な方法は
「不足行動を増やす」ことです
不足行動を邪魔する
「ライバル行動」の発生を
抑えることもポイントです
…
ライバル行動は…
トンッ
トンッ
「他の内勤業務」
かな…
それを
抑えれば…
って簡単に
言うけど…
何やってんだ?
ピッ

毎日 日報をつけるために有効な方法
なんだこれ？
おいっ!!
やめろよ返せよっ
バッ
どうせバカにするんだろ…
だったらこれはどうだ？
は？
スッ
俺はお気に入りのペンを使うようにしてるんだ
え…

どういうことだよ？
どうだ いいだろう この洗練された作り
このペンは日報専用なんだ
めっちゃ高かったんだぞ
これを買ってから毎日日報をつけるのが楽しみでしょうがない
そんなに使いたいんだったら他の仕事で使えばいいだろ
バカかお前… それじゃあ意味がないだろ
え
毎日日報をつけるための有効な方法だろ？
日々の業務を書き込むだけの日報なんてつまらなくてめんどくさい仕事を毎日続けるんだ
何か工夫しないとやってらんないだろ
それって…
不足行動を増やす先行条件だ…

それに 毎日19時に アラームをセットして
日報を書く 時間を決めてんだ
ピピピピ
ついつい 他の業務をやってると めんどうで後回しにしちゃうからな
……
ライバル行動を アラームで コントロールしてる
ビックゥ
こいつ… 自然と「不足行動」を 増やす条件を整えて 「ライバル行動」の コントロールも できている…
まぁ フツーだけどね
営業成績が いい理由も うなずける…
生まれて初めて お前を尊敬したよ
なんだよそれ…
オレをダレだと思ってる
それ 俺も真似して いいか?
はぁ? 好きにしろよ

デ
○×デパー
た・・
高い・・・
ゴクリ…
けどちょうど
前から欲しかった
万年筆だし・・・
す・・
すみませ〜ん
ピピピ
スッ

1週間後
もう書き終わってしまった♪
この万年筆超いいな～買ってよかった
日報を書き始めて1週間
今じゃ日報が楽しみになってる
これって習慣化されてるのかな…

調子いい ですね
わっ
ビクッ
ぴょこ
びっくりした
驚かさないで くださいっ
ちゃんと ライバル行動を コントロールできてる じゃないですか
そうですね…
山田の アイデアってのは 気に入りませんが
宿題の答えは 見つかった気がします
どう？「努力」は 必要でしたか？

努力だと思ったことはありません…
いつの間にか日報をつけることが楽しみになっていて
それどころか最近は…1日の区切りになっていて書かないと気持ちが悪いというか
日報をつけるという行動が習慣化してきた証拠ですね
え…
朝に顔洗うのを努力だと思っている人がいないように…
家に入るのに靴を脱ぐことを苦痛だと思う人はいないように…
続けることが当たり前になれば努力など必要ないんです
なるほど…

継続させることに
意志の強さは必要ない
って意味が
なんとなく
わかった気がします
なんとなく
いですけど・・・
それじゃあ
第2ステージに
進みましょう!
本番は
これからですよ

Chapter 1
解説

「行動」とは何か？

■行動科学マネジメントとは？

本書で紹介する「続ける技術」の根本にあるのは**「行動科学マネジメント」**です。半世紀ほど前にアメリカで生まれた「行動分析学」という学問をベースに発展したもので、人の「行動」を科学的に解明し、ビジネスの現場や日常に応用しています。

他の自己啓発書によくあるような、属人的な独自のノウハウではなく、膨大な実験と調査の積み重ねから導き出された、**「いつ」「だれが」「どこで」やっても、同等の結果が得られる科学的なノウハウです。**

「続ける技術」は、この行動科学マネジメントのノウハウのなかでも、「自己」つまり「セルフマネジメント」の側面をお伝えするものです。

■行動は「3つの要素」からできている

行動科学マネジメントでは、その名の通り「行動」に焦点をおきます。

皆さんが続かない、挫折してしまうのは、「行動」に焦点を当てないからです。「やる気」や「意志の強さ」といった精神面は、まったく必要ありません。

行動科学マネジメントでは、どんな行動にも必ず理由があるとし、すべての行動は次の3つの要素から成り立っているとしています。

A→先行条件
B→行動
C→結果条件

行動科学マネジメントでは、これを**「ABCモデル」**といいます。

簡単に言い換えれば、A「〜だから」→B「〜する」→C「その結果、〜になる」となります。例えば、「エアコンをつける」という行動であれば、A「暑いから」→B「エアコンをつける」→C「その結果、部屋が涼しくなる」という要素が考えられます。

「セーターを着る」であれば、A「寒く感じるから」→B「セーターを着る」→C「その結果、体が温まる」という感じです。

つまり行動は、「A先行条件」があって発生するということ。反対にいえば、**ある行動が発生しやすい先行条件を整えれば、行動をコントロールできる**ということです。

■「過剰行動」と「不足行動」

行動科学マネジメントでは、コントロールしたい行動を**「ターゲット行動」**と呼びます。そしてターゲット行動には、**「過剰行動」**と**「不足行動」**の2種類の行動があります。

「過剰行動」は、減らし続けたい（やめたい）行動のことです。たとえば、喫煙、飲酒、ギャンブルなど、中毒性の高い行動がそれに当たります。

反対に、「不足行動」とは足りない行動、つまり増やし続けたい行動のことです。たとえば、毎日本を読む、ランニングをする、などが挙げられます。

そして「不足行動」には、それを阻害する**「ライバル行動」**があります。ランニングに行きたいけれど、ついついテレビを観てしまう、勉強をしないといけないのにスマホをいじってしまう……こういった、増やしたい不足行動の発生を阻害する行動のことです。

続ける技術とは、簡単にいえば、この3つの行動をどうコントロールするかです。

あなたのターゲット行動が「不足行動」であれば、それが起きやすい先行条件を整えると同時に、ライバル行動の発生を抑えます。

あなたのターゲット行動が「過剰行動」であれば、それが起きにくい先行条件を整えます。

これだけで、あなたは行動を続けることができるのです。

■環境を整えれば、自ずと行動は起きる

では、具体的にどう行動をコントロールするかを考えてみましょう。

まずは、あなたのターゲット行動を明確にします。

あなたの続けたいターゲット行動が「何」で、それは「不足行動」なのか、「過剰行動」なのかをハッキリさせましょう。

禁煙という目標であれば、「喫煙」というターゲット行動を「減らしたい」ということなので、過剰行動です。「ビジネス書を毎日読む」であれば、「ビジネス書を読む」という行動を「増やす」ので不足行動です。

ターゲット行動がハッキリすれば、次は、不足行動を起きやすくする、あるいは過剰行動を起きにくくするための「先行条件」を考えましょう。

たとえば「ビジネス書を読む」という不足行動は、どんな環境になれば起きやす

いでしょうか？「トイレにビジネス書を置く」「枕元にビジネス書を置く」「毎日、必ず鞄に入れておく」などの先行条件が挙がると思います。

ターゲット行動の発生を阻害する「ライバル行動」は、「スマホでゲームをやること」などが考えられます。少し荒療治ですが、「スマホのゲームを消す」などすれば、ライバル行動の発生も抑えられそうです。

過剰行動の場合も同様です。たとえば、ターゲット行動が「喫煙」の場合、「喫煙所のある道を通らない」「喫煙者と飲みに行かない」「コーヒーを飲まない」といった先行条件が整うと、行動が起こりにくくなります。

このように、あなたのターゲット行動が、「過剰行動」なのか、「不足行動」なのかを把握し、不足行動であれば、それが起きやすい先行条件を整え、ライバル行動を抑える。過剰行動であればそれが起きにくい先行条件を整えるようにしましょう。

……
……
こいつ…自然と「不足行動」を増やす条件を整えて「ライバル行動」のコントロールもできている…
まぁフツーだけどね
営業成績がいい理由もうなずける…

ここまでのおさらい

①**ターゲット行動**を決める

②**過剰行動 or 不足行動**を明確にする

③**当てはまる行動**に合った**環境を整える**

- **「過剰行動」**の場合…

 ➡行動の発生を抑える先行条件を考える

- **「不足行動」**の場合…

 ➡行動の発生を促す先行条件を考える
 ➡ライバル行動の発生を抑える先行条件を考える

Chapter 2

足りない行動の増やし方

日報を毎日つけられるようになったことで自信をつけた野呂。
「すでに、続ける技術を手に入れた」と、
これまで続かなかった英会話教室に再入会するが――。

バシャ
バシャ
ふぅ…
さぁ第二ステージに進みましょう!
本番はこれからですよ
もはや私には必要ありませんよ
え…

日報を毎日つけられるようになったんですよ？
すでに続ける技術を手に入れたと言っても過言ではありません！
いや…
でもまだ…
もう心配いりません！
英会話をマスターし必ずや海外事業部で活躍できる人材になってみせましょう！
…そうですか
俺は生まれ変わったんだ
今度こそやってやる

え…
また
ご入会ですか?
英会話の○○
ええ
しかし先月
退会された
ばかりですよ…
安心してください
今度こそ英会話を
マスターしますよ
なにせ
続ける技術が
ありますから
あははは

英会話スクールにも入会した
いよいよ続ける技術の本領発揮だ
フフフ
今回のターゲット行動は英会話スクールに通い続ける
行動
英会話ス
通い続
不足行動
英語を勉強する時間を増やすわけだから不足行動だな
ここまでは前回の日報と同じだ
不足行動を増やす先行条件を考えないと…
うぅ～ん
だめだ全然思い浮かばん
デスクに憧れのアメリカの写真を貼り付けておく…でいいか
次は不足行動を邪魔するライバル行動を抑えなきゃな
これは…
キュ
キュ

アフター5の誘いは断るって感じかな
アメリカの写真をはりつける
ライバル行動
アフター5の誘いは断る!
よしできた!
もはや英語を話せたも同然!!
アイ・アム・パーフェクト
…
ふぅ…
終わった
もうこんな時間か…
……
ガタッ
そろそろ切り上げて行くか…

今日から毎日通ってやるぜ
本当の続ける技術を見せてやる！
待ってろ英会話っ！
2日目
ようやく仕事が終わった…
毎日残業だ
さて今日もスクールに行かなきゃ
でも…ちょっとめんどくさいな
昨日も行ったし…明日にしようかな
!!

いやいや ダメだ
アメリカで 働くんだぞ 俺は！
3日目
おーい
仕事終わりに みんなで 飲みに行くけど どうする？

行く
いや…
行かない
どっちだよ!?
俺は
英会話スクールに
行かなければ
ならない
ホロホロ
ライバル行動を
促すんじゃない
了解～
けど…
今日くらいは
いいかなぁ
いいのかよ!!
今度こそ
英会話を頑張るって
言ってなかったか?
いいんだよ
昨日も
一昨日も行ったし
・・・・・・

今日は飲むぜ!
ストレス スゴいんだよ
見事な三日坊主ね…
10日目
なんでやねん
ワハハ
はははは
くだらないね まったく
どないやねーん
うぅ 飲み過ぎたぁ…
ドサッ
たのしい英会話②
たのしい英会話①
?

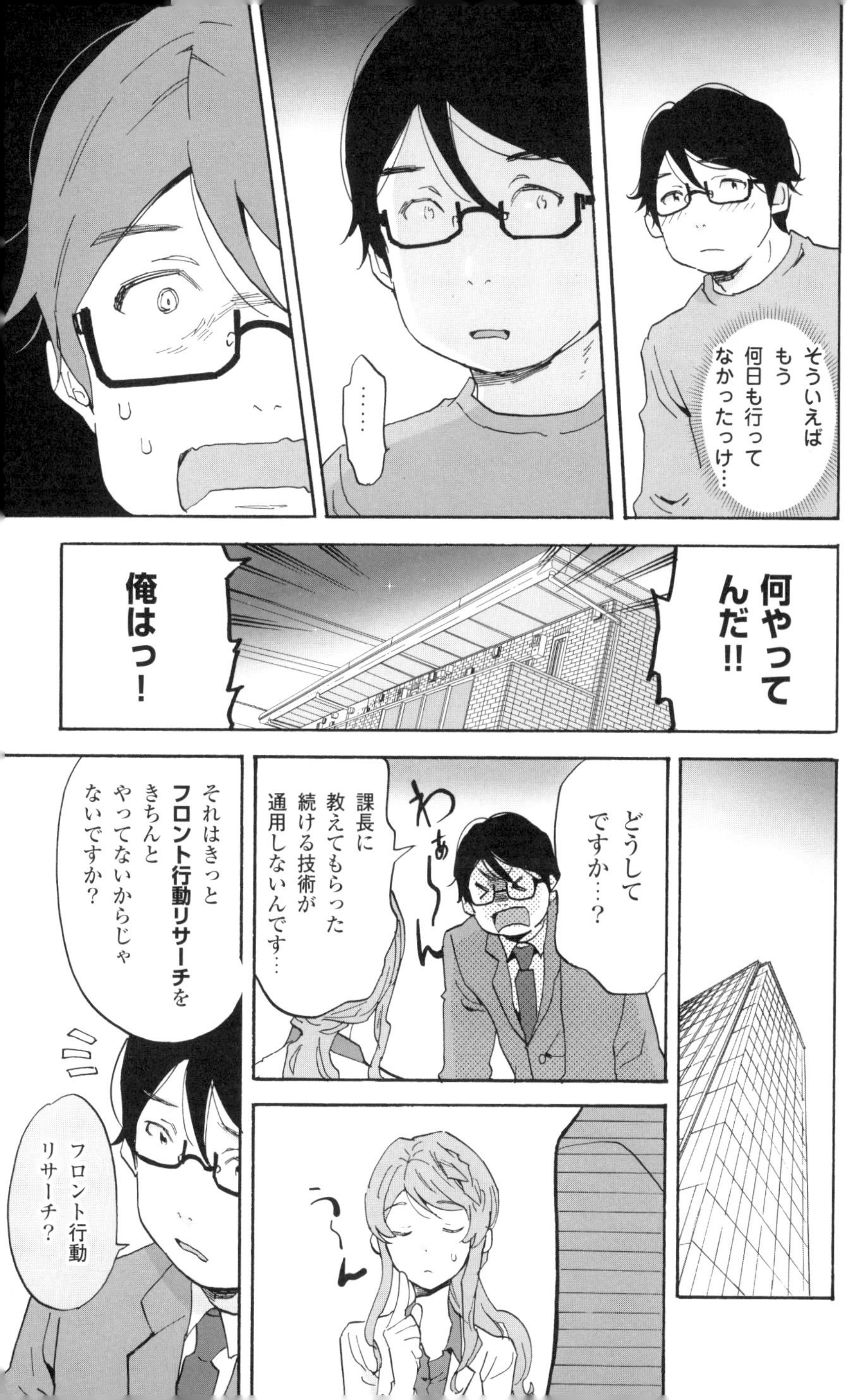
そういえば もう 何日も行って なかったっけ…
……
何やってんだ!!
俺はっ!
どうしてですか…?
わぁ～ん
課長に 教えてもらった 続ける技術が 通用しないんです…
それはきっと **フロント行動リサーチ**を きちんと やってないからじゃ ないですか?
う～ん
フロント行動 リサーチ?

とにかく ここだと 迷惑がかかりますから
奥に行きましょう
会議室
今度こそ第2ステージ!
なんですか フロント行動リサーチって?
ターゲット行動が起きる直前の環境を明らかにすることです
2ステージ
よくわからないんですが?
より詳細に先行条件とライバル行動が起きやすい環境を探っていくことですよ
つまり行動分析ですね
?
じゃあ行動分析をしていない私の先行条件とライバル行動は間違っていたってことですか?
そうですね
フロント行動リサーチは
これを記入するだけです
スッ

これがフロント行動リサーチ…
フロント行動リサーチシート 不足行動 編
★あなたのターゲット行動
★ターゲット行動の直前の環境は？
●発生する頻度、持続時間
●どのようなときに発生しやすいか
●どのような場所で発生しやすいか
●誰がいるときに発生しやすいか
●発生する前に、あなたが行う行動や出来事は？
●発生する前に、あなたの周囲の人が言ったことや行動は？
●発生しにくいのはどんなとき？（場所、一緒にいる人、状況など）
ライバル行動 編
設問に答えることによってターゲット行動を増やす条件やライバル行動を減らす条件が具体的に明確にあぶり出されるんですよ
本当ですかぁ？
ピクッ
本当に面倒くさい性格ですね
それじゃあ一緒に考えていきましょうか…

設問には「ターゲット行動の直前の環境は?」とありますね?
つまり野呂さんが英会話に行きたくなるのはどんなときかということです
たとえば海外映画を観たとき
外人を見かけたとき
友情
前日に家で予習をしたとき
これらの条件が揃うと行きたくなるのであれば
できる限りその条件を整えてあげればいいでしょ
やるぞ~
なるほど…
しっかりと分析するといろいろあるもんだな…
では反対に行きたくなくなるのはどんなときか…
観たいテレビがあるとき
オオ ガンバレ!!
仕事で疲れたとき
まだ半分…
お酒を飲んだとき
さびしいんだよぉ~…
これらの条件でそうなるのであればそれらを排除すればよいのです
そりゃそうだ

ガッ
納得！
わかりました
やってみます
ガリ
ガリ
こうやって
自分を
客観視するのは
初めてかもしれない…
デスクに憧れの
アメリカの写真を
貼り付けておく
アフター5の
誘いは断る
結局誘惑に
負けたし…
あんないい加減に
決めたら
ダメだったんだな…
できました
フロント行動リサーチシート
★あなたのライバル行動
テレビを観る
★ライバル行動の直前の環境は？
●発生する頻度、持続時間
●どのようなときに発生しやすいか
平日帰宅後
●どのような場所で発生しやすいか
自宅リビング
●誰がいるときに発生しやすいか
とくになし
夕食を食べる
とくになし
●発生しにくいのはどんなとき？
★あなたのターゲット行動
★ターゲット行動の直前の環境は？
●発生する頻度、持続時間
●どのようなときに発生しやすいか
●どのような場所で発生しやすいか
自宅、英会話教室
●誰がいるときに発生しやすいか
とくになし
●発生する前に、あなたが行う行動や出来事は？
海外の映画観た後、外人を見かけた
●発生する前に、あなたの周囲の人が言ったことや行動は？
勉強していることを褒めてくれる
●発生しにくいのはどんなとき？（場所、一緒にいる人、状況など）
お酒を飲んだとき、見たいテレビがあるとき
遅くまで残業したとき
いいですね！
それでは
次はこれです
サッ
え…
まだあるんですか!?

アフター行動リサーチシート 不足行動 編
★あなたのターゲット行動
★ターゲット行動の直後の環境は？
●行動後に生まれるメリットは？
●行動後の周囲の人の反応
●行動後、あなたは何かをしなくてよくなったり、避けたりできる？
★あなたのライバル行動
★ライバル行動の直後の環境は？
●ライバル行動をした後のメリット
アフター行動リサーチです
今度は行動をした直後の環境を明らかにするんです
行動直後の状況をリサーチすることでもターゲット行動を引き起こす確率を高めることができます
アフター行動
たとえば英会話スクールに行ったあとのメリットとデメリットはなんですか？
行くメリットは充実感が得られる…
行かないデメリットは…罪悪感…かな…

そうであれば その2つをより 感じられるように すればいいんです
たとえば 充実感をさらに 得られるように… ご褒美を用意するとか
SNSに 投稿するとか
罪悪感を さらに感じるように 「海外事業選抜まで あと●日」という 紙を貼っておく…とか
海外事業 選抜まで ○○日
行動後のメリットと デメリットがわかれば そういった条件を整えて 行動をコントロール できるんです
なるほど…
カキ カキ
カタ
うん
これをもとに もう一度 先行条件と ライバル行動を 考えてみます

ざっくりまとめると
先行条件は
英語に触れる機会を
増やす
ブツ
ブツ
ブツ
ライバル行動は
残業と自宅での
過ごし方にあるな…
よしっ!
ニヤリ…
これで
鬼に金棒だ
タッ
待ってろ
英会話
スクール!!
あ
すぐ調子にのるなぁ~
ちょっと
待ってください
せっかくだから
もうひとつ
え
① 不足行動のヘルプ（補助）をつくる
② 動機づけ条件をつくる
③ 不足行動のハードルを低くする
!!
さらに
ターゲット行動の
発生を増やす
3つのポイントも
教えておきますね

ターゲット行動の発生を増やす3つのポイントだって…?
ガタン
ゴトン
ガタ
ゴトン
Here is dangerous !!
Let's leave here now !!
ターゲット行動の発生を増やすポイントその①
不足行動のヘルプ(補助)をつくる

わかりやすく言えば
ターゲット行動が
発生する確率を
高めるために補助的な
刺激を与えることです
おー
たとえば勉強しやすいように
教科書はいつも
鞄の中に入れておく
といった感じです
だったら俺は
字幕なしの映画を
スマホに入れて
おこう
英語に触れられる
機会が増える
ガタン
ゴトン
英会話の
よぉし
終わった
今日も
勉強したぁ
ペロッ
さてと♪
ドーン
うわぁ
美味そう
ここのスイーツ
食べたかったん
だよなぁ
ウゥゥ
ウゥゥ
頑張って
よかったなぁ

① 不足行動のヘルプ（補助）をつくる
② 動機づけ条件をつくる
③ 不足行動のハードルを低くする
その②動機づけ条件をつくる
つまりご褒美です
人間はメリットを感じないと行動しないものです なので自分自身にメリットを感じさせる条件を何かつくるといいでしょう
メリット
ピュー
パクッ
うまぁい
これなら毎日英会話行けるなぁ
最後にその③不足行動のハードルを低くする
毎日行こうとするから挫折するんです！ もっとハードルを下げて週2くらいで日程を決めましょう
日程を決めても仕事があるじゃないですか

だったら火曜日と金曜日は残業をナシにしましょう
ええ！
そ…
だらだらと残業をするくらいならいっそのことなくしてしまったほうがマシです
そうですね…
あれ…それってもしかして
今行っていることを減らすわけだから
残業は過剰行動ってことですか…？
！
ニコッ
だいぶ理解してきましたね
過剰行動についてはいずれ説明します
野呂さんは他にもいろいろと減らすべきことがありそうですからね
ギクッ
ぷっくー
…

課長のおかげで
無理せず
英会話スクールに
通えてる…
日報も苦労せずに
続けられているし…
日々の業務を
日報で振り返ることで
得意先への提案も
スムーズになった
営業成績も
少しずつだけど
上がってきている…
日報
続ける技術が
俺の人生を本当に
変えてくれるかも
しれない…
パクッ

Chapter 2 解説

あなたの「不足行動」をコントロールしよう

「フロント行動リサーチ」と「アフター行動リサーチ」

ここまでで、行動をコントロールするためには、「ターゲット行動を明確にし、先行条件を整える」ことが大切だとおわかりいただけたでしょう。

しかし、このノウハウを知って、

「これで完璧！　先行条件を考えていざ実行！」

と行動に移せば、あなたも野呂さんの二の舞。結局、続けられなくて挫折してしまいます。

しっかりと続けるためには、行動が起こりやすくなるための環境を明確にしていかなければなりません。

まず、先行条件をより詳細に考えていきましょう。

「先行条件」をリサーチすることを、行動科学マネジメントでは**「フロント行動リサーチ」**といいます。**「あなたは、そのターゲット行動をどんなときに取りがちなのか」**を、より詳細に考えるのです。

そして次に、先行条件だけではなく「結果条件」についても考えます。ABCモデルのCに当たる部分のリサーチで、**「アフター行動リサーチ」**といいます。**「あなたがターゲット行動を取ったら、どんなメリットが生まれるのか」**について詳細に考えるのです。

なぜ、「行動後」にも目を向けるかといえば、行動後のメリットを知れば、たとえば不足

行動であれば、メリットをより強く感じられるようにすることで行動の発生を促せるからです。

たとえば、「ビジネス書を読む」という不足行動の場合、行動後には「知識を得た優越感にひたれる」などのメリットが生まれます。その場合、上司や友人などとつながっているSNSで、読んだ本のレビューをするなど、より強くメリットを感じられるようにすることで次回の行動の発生が促せます。

反対に、過剰行動であれば、行動後のメリットを何かに置き換えることで、発生を抑えることができます。

たとえば喫煙の場合、「リラックスできる」というメリットがあれば、「飴をなめる」などが挙げられます。この代替行動を、行動科学マネジメントでは**「チェンジ行動」**といいます。

このようにフロント・アフターの2つの行動リサーチを行うことで、あなたが増やしたい、あるいはやめたい行動がどんな場合に発生しやすいか、発生したらどうなるかを明確に把握することができるのです。

■不足行動が起きる条件を探る

では実際に、「不足行動」についてのフロント行動リサーチ、アフター行動リサーチを行いましょう。「過剰行動」については、次章で説明するので、あなたのターゲット行動が過剰行動の場合は、そのまま次章に進んでもらってもかまいません。

84ページからのシートを使って、あなたの不足行動を増やすための環境を整えていきましょう。

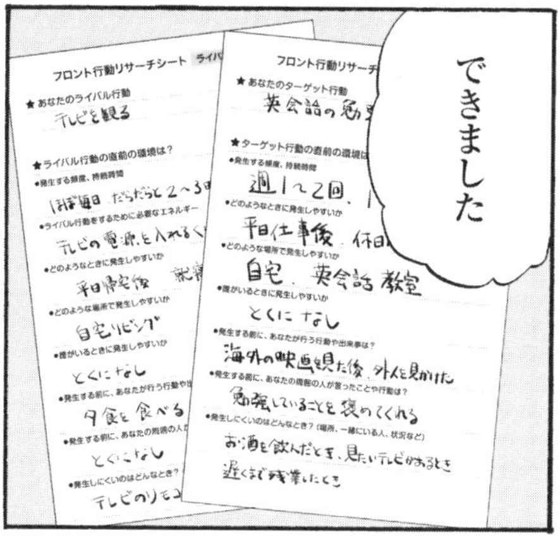

Tsuzukeru

フロント行動リサーチシート 不足行動 編

★あなたのターゲット行動

★ターゲット行動の直前の環境は？

●発生する頻度、持続時間

●どのようなときに発生しやすいか

●どのような場所で発生しやすいか

●誰がいるときに発生しやすいか

●発生する前に、あなたが行う行動や出来事は？

●発生する前に、あなたの周囲の人が言ったことや行動は？

●発生しにくいのはどんなとき？（場所、一緒にいる人、状況など）

Tsuzukeru

記入例　フロント行動リサーチシート　不足行動 編

★あなたのターゲット行動

英会話の勉強

★ターゲット行動の直前の環境は？

●発生する頻度、持続時間

週3～4回、1～2時間

●どのようなときに発生しやすいか

平日仕事後、休日

●どのような場所で発生しやすいか

自宅

●誰がいるときに発生しやすいか

とくになし

●発生する前に、あなたが行う行動や出来事は？

海外の映画を観たあと、外人を見かけた

●発生する前に、あなたの周囲の人が言ったことや行動は？

彼女に「英会話の勉強頑張ってるね」と言われた

●発生しにくいのはどんなとき？（場所、一緒にいる人、状況など）

飲みに行った翌日、仕事や飲みで遅くなったとき

Tsuzukeru

フロント行動リサーチシート　ライバル行動 編

★ あなたのライバル行動

★ライバル行動の直前の環境は？

●発生する頻度、持続時間

●ライバル行動をするために必要なエネルギー

●どのようなときに発生しやすいか

●どのような場所で発生しやすいか

●誰がいるときに発生しやすいか

●発生する前に、あなたが行う行動や出来事は？

●発生する前に、あなたの周囲の人が言ったことや行動は？

●発生しにくいのはどんなとき？（場所、一緒にいる人、状況など）

Tsuzukeru

記入例

フロント行動リサーチシート ライバル行動 編

★あなたのライバル行動

テレビを観る

★ライバル行動の直前の環境は？

●発生する頻度、持続時間

ほぼ毎日、だらだらと2〜3時間

●ライバル行動をするために必要なエネルギー

テレビの電源を入れるくらい

●どのようなときに発生しやすいか

平日帰宅後〜就寝前

●どのような場所で発生しやすいか

自宅リビング

●誰がいるときに発生しやすいか

とくになし

●発生する前に、あなたが行う行動や出来事は？

夕食を食べる

●発生する前に、あなたの周囲の人が言ったことや行動は？

とくになし

●発生しにくいのはどんなとき？（場所、一緒にいる人、状況など）

テレビのリモコンが見つからないとき

アフター行動リサーチシート 不足行動 編

★ あなたのターゲット行動

★ターゲット行動の直後の環境は？

●行動後に生まれるメリットは？

●行動後の周囲の人の反応

●行動後、あなたは何かをしなくてよくなったり、避けたりできる？

★ あなたのライバル行動

★ライバル行動の直後の環境は？

●ライバル行動をした後のメリット

Tsuzukeru

記入例 アフターー行動リサーチシート 不足行動 編

★あなたのターゲット行動

英会話の勉強

★ターゲット行動の直後の環境は？

●行動後に生まれるメリットは？

高い充実感が得られる
英語が上達する

●行動後の周囲の人の反応

彼女や上司が褒めてくれる

●行動後、あなたは何かをしなくてよくなったり、避けたりできる？

とくになし

★あなたのライバル行動

だらだらとテレビを観る

★ライバル行動の直後の環境は？

●ライバル行動をした後のメリット

笑える、仕事で疲れた頭がリラックス

■不足行動の発生をさらに増やすポイント

シートを活用したリサーチによって、不足行動・ライバル行動がどんなときに起こりやすいかを把握できたと思います。

それでは、一歩進んで、不足行動をより発生させやすくするために押さえておきたいポイントを紹介します。不足行動の発生を増やし、ライバル行動の発生を抑えるためには、次のことも考えて環境を整えていきましょう。

【ターゲット行動】
・「行動のヘルプ」をつくる
・「動機づけ条件」をつくる
・「行動のハードル」を低くする

【ライバル行動】
・「行動のヘルプ」を取る
・「動機づけ条件」を取る

① 不足行動のヘルプ（補助）をつくる
② 動機づけ条件をつくる
③ 不足行動のハードルを低くする

さらにターゲット行動の発生を増やす3つのポイントも教えておきますね

「行動のヘルプ」とは、行動の「数」を増やす助けとなる要素です。

たとえば英会話の勉強でいえば、フロント行動リサーチシートの記入例をもとにすると「英語に触れる機会を増やす」「彼女に褒めてもらう」などが挙げられます。

「動機づけ条件」とは、「行動に対するメリット」です。

アフター行動リサーチで出た「高い充実感を得られる」ことであったり、自身でご褒美を設けることも有効です。

「行動のハードルを低くする」は、その名の通りで、フロント行動リサーチで出た発生頻度よりも目標回数を低めに設定したりすることで、不足行動に対するハードルを低くします。

これらのポイントを押さえるために、シートで把握できた環境を、次ページの表に落とし込み、より不足行動が起こりやすい環境を精査していきましょう。

そのうえで、94ページにあなたの不足行動を増やす環境をまとめ、実践してみてください。

Tsuzukeru

不足行動 の発生を高めるポイント

ポイントを押さえて、より行動が起こりやすい環境を把握しよう

あなたの不足行動の発生を増やす先行条件	
行動の ヘルプを つくる	
動機づけ 条件を つくる	
行動の ハードルを 低くする	
あなたのライバル行動の発生を抑える先行条件	
行動の ヘルプを 取る	
動機づけ 条件を 取る	

Tsuzukeru
記入例

不足行動 の発生を高めるポイント

あなたの不足行動の発生を増やす先行条件	
行動のヘルプをつくる	英語に触れる機会を増やす (洋画を観る、飲みに行くときは外人がいるバーに)
動機づけ条件をつくる	高い充実感を得られるようにする (SNSに投稿する) 勉強後は、好きなケーキを食べられる
行動のハードルを低くする	英語の勉強は、毎日でなく、週2回、1回1時間に
あなたのライバル行動の発生を抑える先行条件	
行動のヘルプを取る	テレビをつける夕食のタイミングでテレビを観ない
動機づけ条件を取る	テレビ以外で「気を抜けること」「リラックスできる」ことをする

Tsuzukeru

あなたの **不足行動** を増やすには？

★あなたのターゲット行動を増やす環境

★あなたのライバル行動を抑える環境

Tsuzukeru

記入例

★あなたのターゲット行動を増やす環境

・勉強をする日を、仕事後の予定が入りづらい木曜と、前日に飲みに行くことが少ない日曜に設定。勉強時間は無理なく1時間に

・水曜日に、先週の勉強の進捗を彼女に報告する

・スマホに洋画を入れて帰宅の電車で観る

・勉強後は、SNSに投稿する

★あなたのライバル行動を抑える環境

・勉強の日である木曜日と日曜日は家族に協力してもらいテレビのリモコンを隠してもらう

Chapter 3

やめたい行動の減らし方

英会話の勉強（不足行動）をある程度
コントロールできるようになった野呂だったが、
実は、土日の時間を奪う、ある「過剰行動」が排除できていなかった――。

ナイス　トゥー　ミーチュー
アイム　スティーブ
アイム　ベリー　ハッピー
トゥ　ミーツ　エブリワン！
Can you speak English?
ザワ
ザワ
ついに うちの部署にも 外国人が来たぞ……
同僚に 外国人って…
どうしたらいいの？
俺 英語 話せないぞ
課長は？
打ち合わせに 行っちゃった
山田君は？
外回りだ
ハロ〜
誰か英語を 話せる人は いないのか!?
？

野呂!?
スタ
スタ
お前…何する気だ!?
アイム 野呂 プリーズ コール ミー ブラットピット
オー!ブラットピット!?
…
!
あの野呂が英語を喋ってるよ
す…すごい
下手な英語だけど…
しかもアメリカンジョークまでかましてる
HA HAHAHA
何もできなかったあの野呂が…

プシュッ
はぁ
疲れた
聞いたぞ～
みんなお前を
見なおしたってさ
外国人が
集まるバーとかに
行って
英語で会話する機会が
増えてたから
さほど
拒否反応が
なかっただけだよ
でも…
勉強したかいは
あったかな
最近
変わったな
え…

なんか自信がついてきたな
上から言ってんじゃねぇよ
とはいえ仕事が遅いのは相変わらずだけどな
うるせぇ!
ガチャ
いた!!
野呂さん!何してるんですか!?
え…
コーヒー飲んでるんだけど?
デスクで飲んでください!!
企画書まだでしょ?
もう少しで飲みおわるから待って…
ギロッ
締め切り過ぎてるんですからね!?
す、すみません…!!
カラン…

ダダダダ
やっぱり英会話ができても野呂さんは野呂さんね
少し期待した私がバカだったたわ…
…
はぁ…
結局終わらなかった…
の・ろ・さ・ん
ゴゴ
土日使って仕上げてきますからっ
絶対やって下さいね!!
は、はいっ
…

ムクッ
あ～
もう昼じゃん…
さてと…
仕事やらないと
ブブ
ん？
し…新台
導入…!?
新台導入
777
明日も
休みなん
だし！
いやいや
明日中に
終わるのか!?
いやでも
仕事が…
いいじゃん
ちょっとくらい…
悪魔
天使
うわぁぁぁぁぁ
パチンコ
スロット
333

うおおお
キターーー!
キタキタ!
いやぁ 勝っちゃったよ ツイてるな～
でももう こんな時間か…
仕事があるし 早く帰ろう!
いやでも 今日くらい…
せっかく勝ったんだし 今日くらい飲みに 行ってもいいよな!
翌日―
ゲッ!
もうこんな時間! 仕事しなきゃ…
あせ
あせ
でも今日も勝てるかも しれないぞ!
…

負けた…
ギギ
まっしろ…
ありがとうございました～
あ
仕事…全然終わってない…
カァ～
カァ
野呂
さん！
ゴゴゴ
いい加減にしてください！土日にやってくるって言ってましたよね!?
ガミ
ガミ
すみません…
ひぇぇぇ
はぁぁ…
パチンコとかもったいね～
だったらお前の休日はどうなんだよ？俺以上に仕事抱えてるだろ
嫌な予感…
ニヤリ

俺は…
ランニング
読書
ボルダリング
国際的なパーティー
できるサラリーマンかよっ!
スゲェな!?
そもそも国際的なパーティーってなんだよ!!
南アフリカの…
聞いてねぇよ!!
聞いただろややこしいな
気に食わない!なんで同僚なのに休日にこんな差があるんだよ!
ギャンブルは過剰行動の典型ですね
課長っ!?
過剰行動…
別にそんなに熱中してないですよ…
そう?それじゃあ…

ドキッ
仕事帰りにフラッと立ち寄ったりしてない？
うっ
パチンコスロット
ちょっとだけ…！
た、たまに早く仕事が片づいたら行くだけです…
メルマガを見て行ったり
新台導入！
ぐっ
パチンコ雑誌を買ったり
ごっ
あとは…
もうやめてください
やっぱり典型的な過剰行動のパターンですね
今日は過剰行動を減らすお話をしましょう
お願いします…

・・・・・
なんでお前がいるんだよ
キ
課長に手伝えって言われたんだよ
それに俺も禁煙したいし
・・過剰行動とは前回説明した通りです
・・・・・
カッ
過剰行動
タバコ
酒
ギャンブ
ゲーム
努力せずとも継続できてしまい快感やメリットをすぐに得られることが特徴です
過剰行動を抑えるためには
ターゲット行動が起きにくい条件を整えることです
なるほど
過剰行動を減らす場合の三つのポイントは…
カッ
カッ

① 過剰行動のヘルプ（補助）を取り除く
② 動機づけ条件を取り除く
③ 過剰行動のハードルを高くする
これです
ドン
不足行動の逆ですね
不足行動？
そうですね
あとで教えて
やだ
まず1つ目
過剰行動のヘルプを取り除く
行動の
ヘルプ
カキーン
たとえば禁煙をしたければ喫煙所の近くを通らない飲みに行くのを控えるなど禁煙できる環境を意図的につくるんです
喫煙
カキーン
カキーン
なるほど
2つ目
動機づけ条件を取り除く
動機づけ条件

つまり メリットを 取り除くことです
取り除くだけでなく 同等の別のメリットに 置き換えることも 大切です
メリット
ウイイイイン
別のメリット… 行動科学でいうところの **チェンジ行動**を 探します
タバコの場合は 飴玉やガム 禁煙パイポなどが それに当たります
チェンジ行動
そして 最後に3つ目 **過剰行動のハードルを高くする**
タバコを吸う
ドーン
タバコを やめたいなら
喫煙道具を すべて預ける 思い切って捨てる
小銭を 持ち歩かない とかですね
それじゃあ フロント行動リサーチと アフター行動リサーチで 自己分析してみます
ガタッ
ちょっと 待って

今回は
メジャーメントも
やってみましょうか
メジャーメント？
そう！
メジャーメントとは「計測・測定」のことです
行動がどれだけ達成できたかを
きちんと計測して目に見える形にするんです

このとき回数や吸った・吸わなかったといった誰が見ても同じ判断ができる基準で測定します
がんばった 正T
がんばってない T
1日の吸煙本数
本当にやってるの?
がんばってるなぁ〜
野呂さんの場合…パチンコに行ったかどうかを測定していきましょう
そうですねわかりました
もちろん自分だけで測定してもかまわないですが
家族や友人のような協力者に報告すると続けやすいですよ
あ…
だから僕が呼ばれたんですね
どういうこと?
鈍感だな

つまり
俺がお前の進行を
チェックする
んだよ
はぁ!?
いいですよ
自分でできます
俺やりますよ
お願いします
だったらな…
ん
俺はお前の
禁煙を
メジャーメント
してやる
何っ!
仲よく
頑張ってねぇ
よぉし
やってやるよ!
勝負だ!!
むむむ
パチンコ
スロット

パチンコ屋の前は……
通らない……！
………
明日から
もっと遠回りしよう……！
タッタッ
タッ
休日―
えいっ
解約
ポチッ
ああ～
ついにメルマガ
解約してしまった…
しかし
いざパチンコを
やめると暇だな……
…
チェンジ行動…
投資でも
初めて
みるかぁ
カチャカチャ
あれ…

もう夜か…
集中してて気付かなかった
ちょっとずつ楽しくなってきたぞ…!
プルルル
今日も行かなかったぞ!
おぉすごいじゃん
これで1週間だな
やればできるじゃん!
うるせぇ
ざわざわしてるな…まさか 今日もパーティーか?
HA HA HA
今日はアラブの富豪…
だから聞いてねぇって!
禁煙はどうなんだよ?
今日も継続中
パーティーも禁煙だしな
ちゃんとハードル高くしてるよ
続ける技術っていいな
苦労なくやめられそうだよ
このまま続けてみるわ
何っ!?

ヴー
ヴー
山田
負けられない…
翌週
行かないことが習慣になってきたな…
すごいな野呂!珍しく続いてるな
ハァ
ハァ
山田…
今夜飲まないか?相談したいことがあるんだ
ハァ
え…
ハァ
もちろん禁煙のところで

2人で飲みに行くなんて新入社員の時以来だな
そうだったか
カシャ
カシャ
で…なんだよ相談って
俺が減らした過剰行動って日常の仕事でも応用できるんじゃないかな
は?
仕事中にネットサーフィンしたりコーヒーを飲むって屋上に行ったり
いろいろと過剰行動が隠れていると思うんだ
それが排除できれば俺の成績は…
もっと上がるはず
そんなことかよ…
え…
やっと気付いたか
そもそも土日に持ち帰ってやらなきゃいけないほどお前に仕事はふられてないぞ
ええ!?

そうだったのか みんな やさしいな…
でもこれで ようやく恩返し できるな
誰に？
課長だよ!!
ズーン
わざわざ時間を割いて お前にいろいろと 指南してくれているんだ
成績上げて 恩返しするのは 当然だろ？
…
何をやっても 三日坊主だったお前が 日報をきちんと 書くようになったし
英会話の勉強も 続いてる
…
無駄な行動も 継続して排除して… 今度は営業成績まで 上げようとしているんだ
まるで別人
続ける技術ってのは そこまで人を 変えるんだな
努力しろ 努力しろって 言い続けた 俺がバカみたいだよ
…
努力なんて したつもりはないけど 徐々に周りにも 認められつつある
けどこれで 約束も 守れそうだな
え…

なんだ？
約束って？
えええ!?
お前
あの約束
忘れたのかよ？
ガタッ
なんだよ…
気分悪い
帰るわ
約束…？
全然
思い出せない…
何怒ってるんだ…
ギィ
ふざけんなよ

Chapter 3
解説

あなたの「過剰行動」をコントロールしよう

■不足行動よりやっかいな「過剰行動」

ここでは、「過剰行動」についてみていきましょう。

過剰行動は、最初にお伝えした通り、あなたが「やめたい」と思っている行動です。喫煙や飲酒、ギャンブルなどが挙げられます。

過剰行動の特徴は、「苦労せずとも、簡単に、すぐに快感を得られる」ことです。そのため実は、不足行動よりもコントロールすることが難しいといえます。

■過剰行動が起きる条件を探る

基本的な行動のコントロールの仕方は、不足行動と同じです。まずは、フロント行動リサーチシート、アフター行動リサーチシートを利用して、行動の前後の環境を把握していきます。

そして過剰行動では、アフター行動リサーチで「チェンジ行動」を探すようにします。たとえば、喫煙後に得られるメリットが「リラックスできる」「ストレスが緩和される」であれば、それに「置き換えられる」メリットを探すのです。喫煙の場合は、「飴をなめる」「禁煙ガム」などがそれに当たります。

そのうえで、ポイントを押さえて、あなたの行動の発生を抑える環境をまとめましょう。過剰行動の発生を抑えるポイントは、不足行動の逆で、次の通りです。

- **「行動のヘルプ」を取り除く**
- **「動機づけ条件」を取り除く**
- **「行動のハードル」を高くする**

フロント行動リサーチシート 過剰行動 編

★あなたのターゲット行動

★ターゲット行動の直前の環境は？

●発生する頻度、持続時間

●いつ発生しやすいか

●どのような場所で発生しやすいか

●誰がいるときに発生しやすいか

●発生する前に、あなたが行う行動や出来事は？

●発生する前に、あなたの周囲の人が言ったことや行動は？

●発生しにくいのはどんなとき？（場所、一緒にいる人、状況など）

記入例

フロント行動リサーチシート　過剰行動 編

★あなたのターゲット行動

喫煙

★ターゲット行動の直前の環境は？

●発生する頻度、持続時間

1日10本

●いつ発生しやすいか

起床後、食事後、ストレスを感じたとき、達成感を得たとき

●どのような場所で発生しやすいか

自宅、飲食店、職場の喫煙所

●誰がいるときに発生しやすいか

喫煙者の同僚や友人

●発生する前に、あなたが行う行動や出来事は？

食事、コーヒーやアルコールを飲む

●発生する前に、あなたの周囲の人が言ったことや行動は？

「一服しよう」と誘われる

●発生しにくいのはどんなとき？（場所、一緒にいる人、状況など）

嫁、子どもといるとき、運動しているとき

アフター行動リサーチシート　過剰行動 編

★ あなたのターゲット行動

★ ターゲット行動の直後の環境は？

●行動後に生まれるメリットは？

●行動後の周囲の人の反応

●行動後、あなたは何かをしなくてよくなったり、避けたりできる？

★ ターゲット行動のチェンジ行動とは？

Tsuzukeru

記入例

アフター行動リサーチシート 過剰行動 編

★ あなたのターゲット行動

喫煙

★ ターゲット行動の直後の環境は？

●行動後に生まれるメリットは？

リラックスできる
ストレスが緩和される

●行動後の周囲の人の反応

臭いと言われる

●行動後、あなたは何かをしなくてよくなったり、避けたりできる？

特になし

★ ターゲット行動のチェンジ行動とは？

禁煙ガム、飴をなめる

Tsuzukeru

過剰行動 の発生を抑えるポイント

ポイントを押さえて、より行動が起こりにくい環境を把握しよう

あなたの過剰行動の発生を抑える先行条件	
「行動のヘルプ」を取り除く	
「動機づけ条件」を取り除く	
「行動のハードル」を高くする	

Tsuzukeru

記入例

あなたの過剰行動の発生を抑える先行条件	
「行動のヘルプ」を取り除く	喫煙所の前を通らない、 喫煙者と飲みに行かない
「動機づけ条件」を取り除く	別の方法で リラックスする（ガムや飴）
「行動のハードル」を高くする	喫煙道具を捨てる タバコを買えるコンビニに行かない

Tsuzukeru

あなたの 過剰行動 を抑えるには？

★ あなたのターゲット行動を抑える環境

Tsuzukeru

記入例

★ あなたのターゲット行動を抑える環境

・喫煙所の前、居酒屋など、喫煙をしたくなる環境を避ける
・イライラするときは、禁煙ガムをかんだり、飴をなめる
・喫煙道具をすべて捨てて、すぐに吸えなくする。またタバコの購入先となるコンビニでモノを買うのをやめる

「メジャーメント」で、設定した先行条件が正しいかをチェックする

ここまでで、過剰行動、不足行動ともに、どう環境を整えて行動をコントロールするかはご理解いただけたことでしょう。

リサーチをして条件を把握できたならば、さっそく実践していただきたいのですが、実践するなかで「メジャーメント」を行うようにすることが、さらに続けるコツです。

「メジャーメント」とは、行動がどれだけ増えたかどうか、減ったかどうかを「計測・測定」することです。

行動科学マネジメントでは、「先行条件」よりも「結果」を重要視します。

行動の増減（結果）を把握することで、設定した先行条件が本当に正しかったかどうかがわかるのです。もし、思っていたほどの結果が得られないようであれば、改めてリサーチをし直す必要があります。

計測する際は、主観ではなく、必ず客観的なものさしで測定しましょう。

「前よりだいぶ増えた気がする」
「けっこう減らすことができた」

といった判定する人によってブレが生じるような評価はNG。誰が評価しても同じ評価になるよう基準を設けることが大切です。

たとえば喫煙であれば「吸った」「吸わなかった」といった基準がよいでしょう。また、不足行動で

「勉強」がターゲット行動であれば、「やった・やらなかった」でもいいですし、週に何時間勉強できたかを計測してもかまいません。

また、**メジャーメントの際は、計測の期間を事前に定めておきましょう。**

1週間、1カ月、3カ月……と期間を区切って、行動の増減を計測します。

さらに、まんがでは、野呂さん、山田さんが、お互いにメジャーメントの結果を報告し合っていました。このように、計測結果を共有することも続けるコツです。

誰かにチェックしてもらうことで、より行動が促されます。

Chapter 4

「続ける技術」で目標を達成する

海外事業部に選ばれるためには痩せる必要があることを知った野呂は、
続ける技術を使ってダイエットという「目標」に挑む。
同僚の山田に協力を仰ぐが、そこで衝撃の事実を聞かされることに——。

…ですから
ターゲットを明確にして
業績を上げるためには…
カタカタ
チラッ
プイッ
なにっ!?
なんだよ
あいつ
なんだ?
約束って?
えぇえ!?
お前
あの約束
忘れたのかよ?
ガタッ
まだ
怒ってんのかよ

それにしても約束ってなんだっけ…
…
全然覚えてない…
野呂!!
ビクッ
は…はいっ!!
最近の活躍が認められて大きなプロジェクトに抜擢されたんだ
気を抜くな
集中しろよ
すみません
チャンスなんだしっかりしろ
しっかり!
…

それじゃあ
一度連絡を…
課長から
続ける技術を
教えてもらって
いなかったら
その後
私が…
こんなチャンスは
訪れなかった
ぐっ
…いつか必ず
海外で活躍できる
優秀な人材に
なってみせる！
よし！
このプロジェクトも
山田の案でいこう
ありがとう
ございます
ぐっ
また負けた
はぁぁぁ
くっそ
山田のやつ
あいかわらず優秀だな
けど
待ってろよ…
続ける技術で
お前以上に
成長してやる!!
アメリカに
行くのは俺だ
ねぇスティーブ
この前
テレビで
観たんだけど…

アメリカって太った人は出世できないの？
イエス！
え
自己管理ができない人間はアメリカでは評価されない
うちの社長も太っている人材は評価しないよ
この体だと選ばれないじゃないか
いや…
あれからちょうど1ヶ月
野呂さんを継続できる人間にしてみせます しかもたった1ヶ月で
今の俺ならダイエットも可能なはず

え…
ダイエット?
はい
これまで何度も
挑戦してきましたが
どうしても
続けられなかったんです
続ける技術を
教えてもらったのは
ちょうど1ヶ月前…
これまで
学んできたことを
試すいい機会だと
思うんです
つまり
卒業試験ですね
パタン…
ダイエットは毎日の運動が
必要という点では
不足行動を増やさないと
いけないし
食べ過ぎを
減らす意味では
過剰行動を
減らさなければならない
これまで学んだことが
すべて詰まっていて
ちょうどいいかも
それでお願いが
あるんですが…
!

これにサインをもらえませんか？
契約書
私、野呂豊は
今回のダイエットで
体重を10kg減らすことを
目指します。
野呂 豊
契約書…
この前メジャーメントを教えてもらったとき
山田に行動をチェックしてもらったじゃないですか？
ゴオオオ
誰かに見られていると行動にハリが出て続けやすいと思ったんです
けどどこかでしょせん口約束と思ってしまっていたので
思い切って決意の契約書をつくってみました
変ですかね？
…
よく気が付きましたね…
え？
より効果的に継続するためのコツとして最後に伝えようと思っていましたけど
まさか自分からあみだすなんてすごいじゃないですか!!

挫折を防ぐには誰かに知ってもらうことが一番!!
一見大げさに見える契約書も行動科学的にはとても効果的なんですよ
ドキッ
そ…そうなんですか…
だって…
私ダイエットするねぇ
おお頑張って
これより
契約書通りに頑張ります
契約ですから
こっちのほうが重みも違うでしょ
うんうん
ちなみに私が用意していたのは…
これです
行動契約書
契約期間　年　月　日～　年　月　日まで
私　は、
※ターゲット行動には、具体的な数値、行動を明記すること
を（毎日・毎週・毎月）行なうことに同意する
もしそれができたら、ご褒美として
もし違反したら、ペナルティとして
サポーターは、契約者が上記のことを続けられるように協力することを誓います。
サポーター　印
行動者　印
ほ…本格的…

契約書には
ご褒美とペナルティも
記載します
契約
ご褒美
ペナルテ
まるで
アメとムチ
ですね
たとえば…
ジョギングを
1週間続けられたら
レンタルビデオを
借りられる
アメ
−1キロ
体重が1kg減るごとに
好きなライブに行ける
などです
ご褒美のことを
行動科学では
「強化」といって
強化が増えると
継続しやすくも
なるんですよ
ペナルティは？
1日休むごとに
定期券があるのに
切符を買って
出社しなきゃ
ならないとかかな
うわぁ
それ地味に
嫌だ
嫌だって思わないと
ペナルティにならない
ですからね
フフ
人間は
それを避けるために
行動を
続けますから
もっとキツくても
いいぐらいだわ♡
ゴクリ

あと
野呂さんの契約書の
この部分…
少し曖昧《あいまい》ですね…
た、
たしかに…
契約書
前回メジャーメントの
話をしましたが
目標の設定においても
誰が見ても計測できるように
することは大切です
ダイエットであれば
「痩せる」ではなく…
とにかくやせる!
半年後に5kgやせる!
「半年後に5kg痩せる」
というように
期限と**具体的な数値**を
盛り込みます

さらに目標は**スモールゴール**と**ラストゴール**に分けましょう！
GOAL
ラストゴール
スモールゴール
スモールゴール
スモールゴール
ラストゴールは最終目標
スモールゴールは中間目標です
スモールゴールのハードルをできるだけ低くするのも続けるコツですよ
なるほど…
たしかにハードルが低ければ続けられそうだな…
でしょう？ハードルの低さが継続を生み出すんです
ゴール設定ができたなら目標を具体的な行動に落とし込みましょう
それでは野呂さん半年で5kg痩せるためにはどんな行動がありますか？
ええと…
こんな感じですかね…
行動契約書
契約期間 2016年 4月10日 ～ 2016
私 野呂 豊 は、
1日1食炭水化物を抜く
を（毎日・毎週・毎月）行なうことに同意する
もしそれができたら、ご褒美として
週末の夜は何でも好きなものを食べられます
もし違反したら、ペナルティとして
翌日は、定期券を使わずに出社します。
サポーターは、契約者が上記のことを続けられるように協力することを誓います。
サポーター
行動者 野呂豊
ペラッ
いいですね！
「行動」契約書ですからここまで具体的に落とし込んだ行動を記入しましょう

また、目標を決めたら数値と行動のフィードバックも大切です
フィードバック？
フィードバックとは情報を視覚的に把握することです
スマホや紙などを使って進捗状況を常に確認できるようにしましょう
この時多くの人は結果だけに目が行きがちです
でも結果だけ見ていると…たとえばダイエットであれば
停滞期
(kg)
(日)
体重が減らなくなると嫌になりませんか？
ええ
だから結果だけではなく行動（プロセス）にも目を向けてほしいんです

結果の進捗だけでなく
そのための行動の
増減も計測し
フィードバックすることが
続けるコツです
成果は
行動することで
後から付いてきます
もんね…
そして
もうひとつ…
サポーターによる
支援もつくりましょう
つまり
褒めてもらう
ことですね
いいぞ〜
がんばれ!
いけ〜
その調子
人は
褒められると
また頑張ろうと
思えます
よくがんばったね
ブログやSNSで
経過を公開するのも
効果的な方法なん
ですよ
いいね!
サポーターの
存在を意識する
ことも続けるコツです
認められたい人に
褒められると
モチベーションが
上がるでしょ?
ちなみに
野呂さんは誰に
褒められたい
ですか?
!!
私は…

なんで俺が
お前を褒めないと
いけないんだよ
俺だって
ビックリだよ
逆ギレかよ!!
なんだかんだ言って
ずっとお前を目標に
やってきたし…
お前に
認められたいと
ずっと思っていたんだ
約束も
忘れてるくせにかよ
カラン
まだ
言うか…
わかったよ
…
それじゃあ
メールで
毎日の成果を
送ってくれ
え…
メール？

一足先に
ニューヨークに
行くことが
決まったんだ
ニューヨーク
だと…
まぁ成績が
トップだから
当然だな

向こうで確認してやるよ…お前の続ける力を
バタン…
1ヶ月後
野呂さんダイエットはどう？進んでますか？
…
パタン
いえ…忙しいので
失礼します…
…
…
山田がニューヨークに行って1ヶ月…
心にポッカリと穴が空いたみたいで何もする気になれない…

なんだろう
この虚無感…
ニヤリ
俺にとって
山田の存在は
そんなに大きな
モノだったのか…？
心に何かが
ひっかかってる…

約束…
思い出した…!!
入社したての頃
あいつが実家に
遊びに来た時だ
へぇ
アメリカに行くことが
目標なんだ
俺も
一緒だよ
ずっとアメリカで
働きたいと
思ってたんだ
まじでっ！
将来
一緒に海外で
活躍しようぜ！
約束だ!!
まぁ
うちの会社には
海外事業部が
ないけどな
うお
おおお
いつか
できるって
うるさいなぁ
姉ちゃん
勝手に入って
くんなよ
山田は
あの約束を守って
ずっと営業トップ
だったんだ
なのに俺は
努力すらせずに…
山田はいつも
応援して
くれていたのに…

思い出したぞ
山田!!
俺も必ず
約束を
果たすからな!!
数ヶ月後
カチャ…
ご無沙汰してます
なんだか
貫禄がついたな
やっぱり
日本っていいですね
ワイ
ワイ
ニューヨークでも
頑張っているようですね
評判は聞いています
ありがとう
ございます
おおぉ山田
久しぶりだな
ども
…
その評判も
俺が行くまでの
ものだがな
スッ
へ…
誰だ?

何言ってるんだよ
野呂だよ
野呂っ!!?
まるで
別人でしょ
体重が減ってる
のはメールで
確認してたけど
こんなに変わってる
なんて…
ピラ
ああ…
見ろ!
辞令
所属　○×支部
役職　一般社員
氏名　野呂　豊
ニューヨーク支部への
転勤を命ず
ニューヨーク
転勤の辞令だ
それと
お前との約束も
果たせそうだ
スッ
約束…
思い出したのか!?

約束通り
一緒に海外で
仕事ができるぞ
何それ？
え…
約束って海外で…
違うよ
野呂の
実家に
行った時に…
お前の姉ちゃんって
キレイだな
紹介してくれよ
うるせぇな
静かに
しなさいよ
ドキ
ドキ
いいよ
俺らの夢が
叶ったらな
まじか!!
じゃあ お前も
頑張れよ！
約束だからな
約束って
姉ちゃんを
紹介することかよ!!
しょうもない!!
大切なこと
だろ!!
オイ
オイ
絶対に
紹介して
やらねぇ!!
なんだよ
うそつき!!
私の役目は
もう終わりね…

Chapter 4 解説

行動をコントロールし、「目標」を達成する

■「ラストゴール」と「スモールゴール」

行動が起きやすい（起きにくい）環境を整え、実践する。そして、その環境が本当に行動を変えているのかどうか、メジャーメントをしてチェックする。

続ける技術の基本的なノウハウは、ここまで述べてきた通りです。

では、そもそも、なぜあなたは行動を増やしたり、減らしたりしたいのでしょうか？ それは、「目標」があるからだと思います。

「英会話の勉強」という行動を増やしたい人は、「ＴＯＥＩＣで満点を取る」という目標があるかもしれません。喫煙を減らしたい人は、「禁煙」でしょう。毎日の

ランニングを習慣にしたい人は、「○kg痩せる」という目標かもしれませんし、もしかすると「フルマラソンに出る」という目標を持っているかもしれません。

ここでは、行動を続けるだけでなく、目標達成までに目線を向けた行動科学のメソッドをお伝えしていきます。

まず、目標の「設定」からお話ししましょう。目標設定において大切なことは、**「ラストゴール」**と**「スモールゴール」**を設定することです。

ラストゴールは「最終目標」。皆さんがいつも立てている目標と同じです。

ラストゴールでは、「期限」と「数値」を盛り込むことを意識しましょう。

「1年後には○kg痩せる」
「3年後には海外で生活する」
「半年後には、ビジネス書の読書を習慣化させる（週3冊）」
「3ヶ月後には禁煙する」

「いつかは海外で生活する」「そのうち禁煙する」では、緊張感が生まれません。

また、目標数値を入れ込むことも大切。「1年後には痩せる」ではなく、「1年後に5kg痩せる」、「半年後には、ビジネス書を週3冊読破できるようになる」と数値を盛り込むことで、具体的な計画が立てやすくなります（「禁煙」などの数値化しにくいものは、第三者の目から見たときに明らかに検証できれば、無理に数値化する必要はありません）。

そして、スモールゴールは「中間目標」。ラストゴールにたどり着くための目標です。

たとえばラストゴールが「1年で50冊本を読む」なら、1カ月で「4〜5冊読む」といった

スモールゴールが考えられます。

スモールゴールは、あればあるだけよいので、1週間、1日と細かく設定できるものは細かく設定しましょう。さらにこのとき、**スモールゴールのハードルはできるだけ低くします。** あまりに高い目標を設定すると、そこで挫折してしまうからです。

そして、目標を決めたら、それを具体的な行動に落とし込めば、目標を達成するために必要なターゲット行動が見えてきます。

先ほどもお伝えした通り、行動科学マネジメントでは「結果」を重要視します。単純に「ダイエットをしたいから、毎日のランニングを増やそう」としてターゲット行動を増やすよりも、「1年で10kg痩せる」ためには「1日3食のうち1食分の炭水化物を抜く」「1週間で計5kmランニングする」という行動が必要だ、と具体的な目標（つまり、結果）からピンポイントにターゲット行動を決めたほうが、目標も達成しやすいです。さらにその行動から、想定していた結果が得られたかどうかも検証しやすくなります。

つまり、「結果」を定めて「行動」を決め、そのうえで「先行条件」を整えることが大切なのです。

■フィードバックで「見える化」する

目標とターゲット行動を定めたら、いざ実践。

このとき、フィードバックすることも続けるコツです。**フィードバックとは、目標の進捗状況を視覚的に把握すること、つまり「見える化」することです。**

スマホや紙などを使って、把握するようにしましょう。

目に見えることで行動が促されるだけでなく、設定したターゲット行動が適しているかどうか、目標に無理がないかどうかなどがわかります。

また、このとき、目標だけでなく、前章でも挙げた行動の増減（メジャーメント）についてもフィードバックするようにしましょう。

目標のために設定した〝行動自体〟が増えているかどうかも、大切な指標です。

フィードバックの一例

★「目標数値」のフィードバック

「ダイエット」が目標の場合

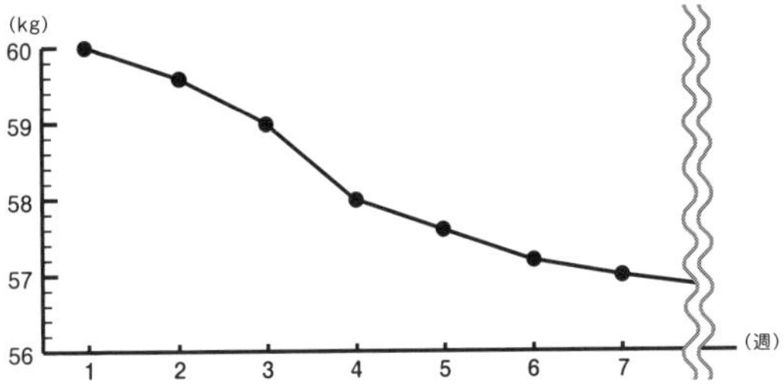

★「行動」のフィードバック

ダイエットでターゲット行動が「ランニング」の場合

	月	火	水	木	金	土	日
10/1〜	●		●	●			
10/8〜	●	●				●	
10/15〜			●	●	●		
10/22〜	●						

■「行動契約書」で確実に目標を達成する

前章では、メジャーメントした結果を誰かに報告・共有することで、より行動の発生を促がせる（抑えられる）とお伝えしました。

それをより強固なものにするのが**「行動契約書」**です。

このとき、「1年で10kg痩せます」と目標をそのまま書き込んではいけません。まんがにあったように「行動」契約書なので、その目標から落とし込んだ具体的なターゲット行動を記載し、協力者に定期的に行動ができているかどうか（契約が守られているかどうか）をチェックしてもらいましょう。

行動契約書では、「ご褒美」と「ペナルティ」も設定します。

ご褒美は、たとえば「その行動を1週間連続して続けられたら、好きなケーキを食べられる」、ペナルティは「2日連続でさぼったら、罰金1000円を支払う」などです。

これらの動機づけをすることで、行動をより促すことができます。

そして、行動をチェックしてくれる特定の人以外のサポーターをつけることも大

切です。

サポーターとは、その名の通り、あなたの行動を評価してくれる人です。

最近はＳＮＳやブログなど、情報を公開する場はたくさんあります。見てもらっている意識を高め、行動の発生を促しましょう。

行動契約書

契約期間　　年　　月　　日 ～　　年　　月　　日まで

私　　　　　は、

※ターゲット行動には、具体的な数値、行動を明記すること

を（毎日・毎週・毎月）行なうことに同意する

もしそれができたら、ご褒美として

もし違反したら、ペナルティとして

サポーターは、契約者が上記のことを続けられるように
協力することを誓います。

サポーター ＿＿＿＿＿＿＿＿ 印

行動者 ＿＿＿＿＿＿＿＿ 印

Epilogue

「続ける技術」があなたを変える

アメリカで働く
夢を叶えた野呂。
山田から、こずえの
本当の正体を知らされる——。

ニューヨーク
拝啓
樹林 こずえ 様
お元気でしょうか?
ニューヨークに来て
早3年が経ちました
ただ
こんなに楽しく
充実した日々は
初めてです
夢にまで見た
海外勤務ですが
めまぐるしく
過ぎる毎日に
日々翻弄されています

課長は会社を辞めたそうですね
今はどこで何をしているのかわかりませんが
きっと私のような人間をたくさん救っているのだと思います
野呂っ！
世界が注目する100人に樹林さんが入ってるぞ!!
はぁ!?
ほら
ほ…
本当だ…
樹林 こずえ
行動科学の観点から人材を育てるスペシャリスト…
注目の若手コンサルタント…!?
課長は仮の姿だったらしいぞ
会社が依頼したんだって
え…
知ってたのか!?
ああ
あまりにもお前に肩入れするから理由を聞いてみたんだ
コンサルタントだったんですか…
黙っててごめんなさい

野呂さんは私にとても似てるの
え
自分ももともとは長続きしない人間だったから…
英会話
ダイエット
でも続ける技術と出会って人生が大きく変わったの
だから同じ悩みを持っている人を1人でも多く救いたいんです
野呂にも続ける技術を多くの人に伝えてほしいんだって

Skill for Continue!!
え…
続ける技術が どうしたって…？
さっそく みんなに 教えてくるんだよ
お おいっ
ハァ
ガラ
あれ… 誰もいない
ハァ
いや… 今日は 休日だから オレたちは 打ち合わせだったけど…
ハァ

おわりに

本書のノウハウを最初に記した『「続ける」技術』の刊行から約10年、その間に、たくさんの読者から感想をいただきました。

「続ける技術のノウハウで、英会話をモノにしました」
「禁煙に成功しました」
「はじめてダイエットに成功しました」
「続けられなかった私が、いろんなことにチャレンジし続けられています」……

多くの方の目標を叶え、人生を変えることができたのは、とにかく「嬉しい」のひと言に尽きます。

仕事、勉強、早起き、禁煙、ダイエット、トレーニング……本書を手に取ってくださった皆さんにも、それぞれ目標があると思います。ぜひ「続ける技術」を使いこなし、目標を叶え、「なりたい自分」を実現していただきたいと思います。

何度も言いますが、続けることに意志の強さ、やる気はまったく関係ありません。

必要なのは、続けるための「技術」です。

本書を読み終えたあなたは、そのスキルを知ったということになります。

あとはあなたが、それをどう使うかだけ。

ぜひ、今日から、「続ける」一歩を踏み出してみてください。

2016年　3月

行動科学マネジメント研究所　所長　石田 淳

ーク出版●『リクルートのナレッジマネジメント 1998～2000年の実験』リクルート・ナレッジマネジメントグループ／日経BP社●『こうしてリーダーはつくられる』ウォレン・ベニス、ロバート・トーマス／ダイヤモンド社●『儲かる会社はトップが違う』岩崎旭／ビジネス社●『リーダーシップが活きる時 人を動かし、組織を活かす4原則』フィリップ・B・クロズビー／ダイヤモンド社●『Building Brands & Believers How to Connect with Consumers using Archetypes』KENT WERTIME／John Wilry &Sons(Asia)PteLtd ●『Bringing Out the Best in PEOPLE』Aubrey C.Daniels／McGraw-Hill,Incl ●『FLAWLESS CONSULTING SECOND EDITION』Peter Block／Jossey-Bass Pfeiffe ●『MILLION DOLLAR CONSULTING』ALAN WEISS／McGraw-Hill,Incl ●『Project Manager's Spotlight on RISK MANAGEMENT』Kim Heldman／HARBOR LIGHT PRESS ●『The Morningside Model of GENERATIVE INSTRUCTION』Kent Johnson and Elizabeth M.Street／CAMBRIDGE CENTER FOR BEHAVIORAL STUDIES ●『THE McKINSEY WAY』ETHAN M.RASIEL／McGraw-Hill.Incl ●『THE HR SCORECARD』BRIAN E.BECKER,MARK A.HUSELID,DAVE ULRICH／HARVARD BUSINESS SCHOOL PRESS ●『EXECUTION』LARRY BOSSIDY & RAM CHARAN／CROWN BUSINESS ●『LEADERSHIP FROM AND OPERANT PERSPECTIVE』Judith L.Komaki／Routledge ●『Co-Acrive coaching』Laura Whitworth,Henry Kimsey-House,Phil Sandahl／Davies-Black Publishing ●『Coaching for improved work performance』Ferdinand F.Fournies／McGraw-Hill,Incl ●『IN SEARCH OF EXCELLENCE』Thomas J.Peters and Robert H.Waterman,Jr.／WARNER BOOKS ●『Performance Management』Aubrey C.Daniels & James E.Daniels／Performance Management Publications ●『The BIG Book of MOTIVATION GAMES』Robert Epstein,Ph.D.with Jessica Rogers／McGraw-HIll,Incl. ●『The Solution Focus』PAUL Z JACKSON AND MARK McKERGOW／Nicholas Brealey Publishing ●『Confessions of Shameless Self Promoters』Debbie Allen／Success Showcase Publishing ●『OTHER PEOPLE'S HABIT』Aubrey C.Daniels／McGraw-Hill,Incl ●『MAXIMUM ACHIVEMENT』BRAIN TRACY／A FIRESIDE BOOK ●『Time Management Secrets for Working Women』Ruth Klein／SOURCEBOOK,INC ●『10 Secrets of Time Management for Salespeople』DAVE KAHLE／CAREER PRESS ●『BRAND sense』MARTIN LINDSTORM／FREE PRESS ●『THE HERO AND THE OUTLAW』Margaret Mark & Carol S.Pearson／McGraw-Hill,Incl ●『Balanced Scorecard』Paul R.Niven／John Wilry & Sons,inc. ●『LEAN SIX SIGMA』MICHAEL L.GEORGE／McGraw-Hill,Incl ●『The Skilled Facilitator Fieldbook』Roger Schwarz,Annne Davidson,Peg Carlson,Sue McKinney,and Contributors／Jossey-Bass ●『THE SIX SIGMA WAY』Peter S.Pande,Robert P.Neuman,Roland R.Cavanagh／McGraw-Hill,Incl ●『WINNING THROUGH INTIMIDATION』ROBERT J.RINGER／A FAWCETT CREST BOOK ●『伝える力』久恒啓一＋NPO法人知的生産の技術研究会／すばる舎●『いつのまにか心を操縦する技術』前田大輔／明日香出版社●『日経ビジネスAssocié』／日経BP社

参考文献

●『本物の実力のつけ方』榊原英資、和田秀樹／東京書籍●『成功の暗号 心の基本ソフトウェア―』村上和雄、ルー・タイス／桐書房●『決定版・聴覚刺激で頭の回転が驚くほど速くなる』田中孝顕／きこ書房●『なぜ顧客が見つからないのか。』町田和隆／総合法令出版●『エブリデイ・ジーニアス』ピーター・クライン／フォレスト出版●『ある少年の夢　稲盛和夫　創業の原点』加藤勝美／出版文化社●『人生の物語を書きたいあなたへ』ビル・ローバック／草思社●『ひとが否定されないルール妹ソマにのこしたい世界』日木流奈／講談社●『あたりまえだけど、とても大切なこと』ロン・クラーク／草思社●『部下の能力を引き出す1001の知恵』ボブ・ネルソン／かんき出版●『プロジェクトX　挑戦者たち⑧思いは国籍を越えた』NHK「プロジェクトX」制作班／日本放送出版協会●『普通の人がこうして億万長者になった一代で富を築いた人々の人生の知恵』本田健／講談社●『経営の構想力』西浦裕二／東洋経済新報社●『7つの習慣』スティーブン・R・コヴィー、ジェームス・J・スキナー／キングベアー出版●『HOW TO MAKE MILLIONS WITH YOUR IDEAS』DAN S.KENNEDY／A PLUME BOOK●『The Innovator's Dilemma　— The Revolutionay Bool That Will Change the Way You Do Business』Clayton M.Christensen／HarperBusiness●『ザ・ゴール　企業の究極の目的とは何か』エリヤフ・ゴールドラット／ダイヤモンド社●『プロフェッショナルマネジャー』ハロルド・S・ジェニーン、A・モスコー／プレジデント社●『希望格差社会　「負け組」の絶望感が日本を引き裂く』山田昌弘／筑摩書房●『自分を天才だと思える本』トニー・ブザン／きこ書房●『一歩先のシゴト力』小阪裕司／PHP研究所●『斉藤一人の絶対成功する千回の法則』講談社編集部＋酒井一郎／講談社●『戦略の本質　戦史に学ぶ逆転のリーダーシップ』野中郁次郎、戸部良一、鎌田伸一、寺本義也、杉乃尾宜生、村井友秀／日本経済新聞社●『営業マンはつくられる』ロバート・ネルソン／ダイヤモンド社●『キャリアショック』高橋俊介／東洋経済新報社●『バランスト・スコアカード　理論とケース・スタディー』櫻井通春／同文館出版●『部下の哲学　成功するビジネスマン20の要請』江口克彦／PHP文庫●『1001 WAYS TO ENERGIZE EMPLOYEES』BOB NELSON／WORKMAN PUBLISHING●『バランス・スコアカードの使い方がよくわかる本』松山真之介／中経出版●『「儲け」を生みだす「悦び」の方程式　見える人にしか見えない商売繁盛の「仕組み」とは』小阪裕司／PHP研究所●『新版 考える技術・書く技術　問題解決力を伸ばすピラミッド原則』バーバラ・ミント／ダイヤモンド社●『子どもの「夢中世界」のヒミツ　ぼくたちがポケモンに熱中した理由』渡部尚美／雲母書房●『心理戦の勝者　歴史が教える65の絶対法則』内藤誼人＋伊東明／講談社●『嘘つき男と泣き虫女』アラン・ピーズ、バーバラ・ピーズ／主婦の友会●『人生は直観力で決まる！　答えはすでにあなたの中にある』ローラ・デイ／ダイヤモンド社●『ビーンズ！　一杯のコーヒーがおしえてくれる、ビジネスと人生の成功法則』レスリー・A・ヤークス、チャールズ・R・デッカー／ランダムハウス講談社●『マネジメントの正体　組織マネジメントを成功させる63の「人の活かし方」』スティーブン・P・ロビンズ／ソフトバンクパブリッシング株式会社●『1分間問題解決　目標と現実の「ギャップ」を埋める4つのステップ』K・ブランチャード、ダナ・ロビンソン＆ジム・ロビンソン／ダイヤモンド社●『修身の教科書』小池松次／サンマ

著者

石田 淳 (いしだ・じゅん)

社団法人行動科学マネジメント研究所所長／（株）ウィルPMインターナショナル代表取締役社長兼最高経営責任者／米国行動分析学会（ABAI）会員／日本行動分析学会会員

日本の行動科学（分析）マネジメントの第一人者。アメリカのビジネス界で絶大な成果を上げる行動分析学、行動心理学を学び、帰国後、日本人に適したものに独自の手法でアレンジ。「行動科学マネジメント」として展開させる。精神論とは一切関係のない、行動に焦点をあてた科学的で実用的なマネジメント手法は、短期間で8割の「できない人」を「できる人」に変えると、企業経営者や現場のリーダー層から絶大な支持を集める。現在は、日本全国の人材育成、組織活性化に悩む企業のコンサルティングをはじめ、セミナーや社内研修なども行い、ビジネスだけでなく教育、スポーツの現場でも活躍している。日経BP「課長塾」の講師でもある。主な著書に、ベストセラーとなった『マンガでよくわかる 教える技術』（かんき出版）をはじめ、『課長塾続ける課 行動科学マネジメント実践ワークブック』（日経BPムック）などの組織マネジメント本、セルフマネジメントの指南書『「続ける」技術』（フォレスト出版）、教育書では『子どもの続ける力』（かんき出版）など多数ある。趣味は、マラソンとトライアスロン。

●ウィルPMインターナショナル　http://www.will-pm.jp/

まんが

臼土きね (うすと・きね)

栃木県生まれ、埼玉県在住。角川書店、小学館などで多くの賞を受賞し、さまざまなコミック誌で掲載経験を持つ。現在は、企業向け漫画を中心に幅広く活動中。

〈まんが制作〉トレンド・プロ　〈シナリオ〉星井博文

まんがで身につく
続ける技術
〈検印省略〉

2016年　4月21日　第1刷発行
2016年　5月 3日　第2刷発行

著　者──石田　淳（いしだ・じゅん）
まんが──臼土きね（うすと・きね）
発行者──佐藤　和夫

発行所──株式会社あさ出版
〒171-0022　東京都豊島区南池袋2-9-9 第一池袋ホワイトビル6F
電　話　03 (3983) 3225（販売）
　　　　03 (3983) 3227（編集）
ＦＡＸ　03 (3983) 3226
ＵＲＬ　http://www.asa21.com/
E-mail　info@asa21.com
振　替　00160-1-720619

印刷・製本　(株) 光邦

乱丁本・落丁本はお取替え致します。

facebook　http://www.facebook.com/asapublishing
twitter　　http://twitter.com/asapublishing

©Jun Ishida 2016 Printed in Japan
ISBN978-4-86063-872-6 C2034